Лулзим Тафа

ДАЛИ ТИ ИМАШ БОЛКА
(песни)

Издавач:
Академски печат
ул. Партение Зографски 77а Скопје

За издавачот:
Гојчо Стевковски

Уредник:
Левко Богдановски

Превод:
Ахмет Селмани

Печати: Академски печат
Тираж: 250 примероци

CIP - Каталогизација во публикација
Национална и универзитетска библиотека "Св. Климент Охридски", Скопје

821.18(497.115)-1

ТАФА, Лулзим
    Дали ти имаш болка : (песни) / Лулзим Тафа ; [превод Ахмет Селмани]. - Скопје : Академски печат, 2018. - 88 стр. ; 21 см. Биографија: стр. 87

ISBN 978-608-231-246-0

COBISS.MK-ID 107630346

ПАТИШТА, СПОМЕНИ И СОНИШТА
(Кон поетската книга "Дали ти имаш болка"
од Лулзим Тафа)

Како што сугерира и самиот наслов на книгата, станува збор за едно автентично и автономно остварување натопено со љубовна (исповедна) лирика, но и со навеви и напеви за егзистенцијата, животот, секојдневието...

Во средиштето на поетовите интересирања е човекот, во овој случај главно тоа е девојката (жената) заедно со емоциите, немирите страстите...

Поетот Лулзим Тафа пишува почувствувано (чувствително), доживеано, искрено, топло... Неговата сензибилност и сензитивност се трансформира и проличува во речиси секоја песна од книгата, каде двата главни женски лика Теута и Ајкуна (Уна) се стожерни, како оган и пламен, но и воздишки, копнежи, соништа, задоволства, сеќавања...

Постојано соочен и распнат помеѓу животот и смртта, авторот пишува и опишува, декламира и декларира, констатира и дијагностицира, знаејќи, потсетувајќи и потенцирајќи дека "кога боговите се лутат / се раѓаат поетите".

Метафори и метафорика (метафотичност) извира и избликнува безмалку од секој стих и збор. Тафа ги толкува соништата. Ги облекува и соблекува метафорите, ги осознава и овековечува, вага и мери, просторот и времето, светот и векот... Го интересира и набљудува патот на светлината, постојано воочувајќи ја и темната

страна, балансирајќи како еквилибрист и речи-
си истовремено помеѓу кучешкиот и човечкиот
живот, вкусувајќи ги плодовите но и проклетст-
вото на творештвото и писателскиот занает. Па,
не случајно, на едно место во својата книга пое-
тот ќе каже: "Чувај нé Господе / од лошиот пе-
тел кој лаже".

Малку потаму, поетот ќе го испее и запише
и овој прекрасен стих: "смртта стана / убава
лирика".

Со благи, кревки и нежни, суптилни и од-
мерени навеви на еротика и соочувања со про-
изводителите и производите на тагата, оваа
книга е полна со спомени, сеќавања, понира-
ња, вивисекции и реминисценции...

Точно е и во право е Лулзим Тафа: "Смртта
не им може ништо на бесмртните!". На тој пат и
кон тој стремеж се приклонува и приклучува и
тој со своето мисловно, психолошко, социоло-
шко и емотивно поетско творештво.

Низ и преку неговите згустени поетски
форми - кратки, јасни, духовити, концизни,
есенцијални и лапидарни, кои многу налику-
ваат и потсетуваат дури и на хаику песните, се
чини, тоа е идеалниот облик на изразување на
овој автор кој е против фразерството и анахро-
низмите, па и лажниот патриотизам и епското
јунаштво, а се залага за современие, еднос-
тавноста и вистината.

Преку пародија, иронија и сарказам тој
скенира и се себескенира, набљудува и забеле-
жува до степен на соголовување и разголува-
ње, па воодушевувачки се некои негови актуел-
ни изблици и лаконски искри, како на пример

6

оваа: "колку е лесен мобилниот / колку сум те-
жок јас / без твоите СМС-и / драга".

Поетот вели: "се барам себеси низ патиш-
тата" (а кој автор не се бара - би запрашале и
би заклучиле ние), и на земјата, и на небото, на
старите патишта покриени со копнеж, на нови-
те патишта прекриени со сомнеж...

Еден навистина зрел и самосвоен, сериo-
зен и докажан (потврден) автор, со поезија која
е значајна и вредна, исцизелирана и обмисле-
на, современа и трајна!

Лулзим Тафа (1970) две и пол децении е
присутен во албанската литература и е еден од
најпознатите и најпреведените од албанската
литература во светот. Пишува поезија, проза,
драми, критика и публицистика. Неговите пес-
ни се преведени на неколку светски јазици и се
објавени во неколку антологии. Добитник е на
повеќе книжевни награди.

Неговите дела се преведени на англиски,
германски, италијански, српски, хрватски, бош-
њачки, romanски, француски, арапски, грчки,
турски, шведски и др.

Автор е на книгите: Крвта не станува вода
(песни, 1993),

Тажна метафора (песни, 1995), Планета Ва-
вилонија (драматизирана поезија, 1997), Смрт-
та праќа абер (песни, 1998), Имам уште два
збора (песни, 2012).

Работи како универзитески професор и е
редовен член на Европската академина на нау-
ките и уметностите. Живее во Приштина.

(Скопје, 7 јуни 2018 година)
Проф. д-р Христо Петрески

7

СИ ЗАСПАЛА ПОД МЕСЕЧИНАТА

Не ти е жал за мене
сонцето ли ти ги уби очите
си спиела под сенката на месечината
и не сакајќи те внесов во песна

Зошто плачеш
зар не ти е жал за очите
ќе дојдам во твојот сон
и ќе го заборавам патот на враќањето

Од лошиот плач
од црниот сон
те молам не плачи
зар не ти е жал за мене.

ВО НЕДЕЛИТЕ ВЕЌЕ НЕ МЕ ВИКАЈ

Во неделите веќе не ме викај
можам и да не станам
вечно да останам во смртниот сон
не ги заборавај замрзнатите мигови
освен неделата, избери го твојот ден

Кога ќе умрам за тебе
ќе ти го најдам името позади седум планини
ах, зошто ли не доаѓаш другите денови

ТЕУТА

Теута, вечерва те повикувам
да појдеме во пивницата Отров
што го плази твојот јазик

Очите ти се ледени известувачи
во скршената гранка
на среќата разбојник

Теута
тебе ти се поклонуваат боговите

УТРЕ

Теута, дали повторно ќе седнеме
во дрвените столчиња
да наздравуваме со стаклените чаши
како судбините, како срцињата

Повторно ќе седнеме
да ги носиме сеќавањата
да ги читаме стиховите
од изминатата ноќ

дај ми ги очите да го погледнам сонцето
како паѓат ѕвездите
небото како паѓа

Теута, ќе седнеме ли повторно
да ги раскажуваме сништата
од предходната ноќ
утрото да не најде будни

Повторно ќе седнеме
во дрвените столчиња
пази Теута
од Животот
од Смртта

ЛИЦЕТО ТИ ГО ПАМТАМ

Лицето ти го памтам
солзозамрзнатата крв
над мене

Јазикот ти го памтам
црноотровна змија
ми ја завитка среќата

кога ти спиеш
јас станувам
и си стојам со твоето секавање

ЛЕСНА НОЌ СО ДОЖД

Лесна ноќ со дожд
молкот на градот убива
задоцнетите годишни времиња
задоцнетиот патник
во мокриот град

лесна ноќ со дожд
осамениот патник
во мокриот град
вечерва се венча

лесна ноќ со дожд
не ги уништувај моите траги
во градот со мирис на крв

УТРЕ ЌЕ ЗАВРНЕ ДОЖД

Утре нема да се видиме
ќе заврне дожд
недела е
ќе спиеме еден век

Не знам
дали сонцето ќе се роди
дали ќе се видиме

Утре ќе заврне дожд
тебе ќе ти се поклонам
на твоите очи
на несреќата, на боговите

не знам дали плаче господ
дали врне дожд
утре нема да се видиме
дожд ќе заврне

Утре двајцата ќе умреме.

ПОЕТИТЕ

Кога боговите се лутат
се раѓат поетите
во првиот знак на животот
стануваат против нивниот господ
протестираат
кога ќе пораснат
стануваат непослушни
делат летоци
против себе си
како демонстранти низ градот
"Детето вишок на секоја мајка
станува поет"

КОЊОТ ВО ДОЖД

Колку капки те удираа тој ден
кога стигнуваа други продавачи
гроздари и бостанџии
за да ги сменат судбините
тој го гледаше небото
сонцето нема намера да зајде
ниту денес
затоа што дождот ќе престане еден ден
секако еден ден
и велат дека дождот не го топи коњот
коњот кој се полева во дождот и се суши на
ветер
КОЊОТ БЕЗ ИМЕ
БЕЗ УЗДА
БЕЗ ГОСПОДАР
КОЊОТ НАКИСНАТ ВО ДОЖД

КОГА ЌЕ УМРАМ

Кога ќе умрам
не плачи драга
те изневерив со девојки од друга планета

Кога ќе умрам не плачи сестро
јавам со коњот на Ѓерѓ
со морски бајлози

Кога ќе умрам не плачи мајко
само дои ги
овие
тажни
метафори
како мене некогаш.

ТЕОРИЈА ЗА ТОЛКУВАЊЕ НА СНИШТАТА

Ако си ја сонувал Змијата
некој ти ја гризнал играта

Ако си ја сонувал слободата
некој изживува со твое ропство

Ако си ги сонувал моите очи
некој те измамил

Ти реков, тврдоглава
ти реков
да не спиеш
затоа што сништата ти ја вадат
љубовта низ нос.

АБЕР МИ ПРАЌА СМРТТА

Јас ќе се убијам во оваа војна
за секое копче
на туниката
ќе земам по еден куршум
и секоја капка крв
ќе се претвори во копче
во кошули и туники
на моите војници
и капедани

(1997)

НИЕ

Не сторивме ништо друго
облековме
и соблековме
метафори

Облековме
и соблековме
дабови
и кожи

Со близнак
покров
и фиданки

ја заборавивме татковината
покровната
саканата
убавата.

РЕПОРТАЖА ЗА СВЕТА ВОЈНА

Ние воените заробеници бегаме нагоре
не знаеме за каде сме тргнале
ниту каде ќе стигнеме за светлина
тие не гонат, не стават во опседа
тие со железни воени чевли и заби
ние боси, гладни, небричени
една недела неизмиени, со железна коса
влакни-влакни
душата, го голтаме разочарувањето
ги плукаме парчињата од крвавата среќа
живи парчиња ни се залепија во јазикот
тие зборуваат, ние молчиме, паѓаме во
опседа
и на крај креваме раце високо, му се
предаваме
на волкот
паѓаме во неговото милосрдие
на неговите очни заби распарчени
нашите очи растат
три силувачи и стојат над глава на една жена
каква нерамноправна битка на среќата
пред нашите очи се прикажува жива
порнографија
можат да го гледат и малолетните
кои се во колона, стоиме ладнокрвни

ерекција на сексот не не поттикнува, не фаќа
ерекција на смртта
кутрата ти добра жено, на крај
живо месо и нокти, се спасивме, се
разбудивме
војната замина во другиот живот
и планинските јунаци со крилја

АЈКУНА

Во светлина на месечината ја фаќам Ајкуна
вадејќи го млекото на стадото
Ајкуна
тоа што ти го правиш со стадото
јас ќе ти го правам тебе
куку леле за стадото рече
мислејќи дека волкот
му се нафрлил на врат.

ПРЕСВРТ

Ајкуна го остави стадото
ги остави
чорапите на жица
стана хакерка
го скрши мојот пасворд
и кога виде
како издаваат јунаците
не пронајде
ниту јаже, ниту даб
додека еден ден
неочекувано
убава се појави
на екранот
рекламирајќи ги кондомите
од компанијата
"My love"

ЦРНА ПАРОДИЈА

Јунаците
Мујо и Халил
се симнаа од коњи и се качија
во црни џипови
данокот го собираат низ градот
во јавната куќа
на еден познат јунак
Брахим Халаќи
води љубов
со една роспија
ноќе се лечи од сида
во приватната болница
на Ѓерѓ Елез Алија.
Јас младиот јунак
ја ставам раката во пиштол
за малку да убијам еден кодош
леле умреа од смеа
Ќор Илаз.

ГЛАВНИОТ ЈУНАК

Јунакот беше опколен
од сите страни
а тој беше скриен во кулата
со една ороспија
се сексаше
очаен длабоко
од историјата
која нема да ја фати никогаш
ниту гуслата, ниту чифтелијата

ПРОКЛЕТСТВО

Кучињата да ја изедат
оваа татковина
која не закопа
живи под земја

ОЧАЈНОСТ

Девојката
ја скратила косата
и така грда
замина кај изворот
никогаш не и се исушија тие очи
откога и рече еден пријател
дека Хасан Ага стана *gay*
фати еден љубовник од UNMIK

ВОДА

Се ќе изчезне
ниту една капка
во мигот на смртта
нема да се наоѓа
ниту една капка
за прскање
на пеколниот оган
кој ли ќе те
изгаса.

ДАНОЦИТЕ

Набрзо
ќе воведат даноци
за сништата
за насмевките
колку е убаво
зошто не ги оданочува
и болките
хуманата држава.

КУЧЕТО НА МИНИСТЕРОТ

Тој си шета со него
секоја вечер
во плоштадот.
Луѓето ги поздравуваат двајцата
кога министерот клима со глава
тој си игра со опашката
тој лае кога тој ќе се намурти
колку убаво се разбираат
кучешки и човечки
истовремено.

КОГА ПОЛУДЕ БАРД

Кога полуде Бард
луѓето не бегаа од него
туку тој избега од нив
ти пцуеше државата и власта
му се причинуваше дека пее
еден петел
во среднок
чувај не господе
од лошиот петел кој лаже.
На луѓето им велеше
губете се
мирисате на гавран.
Кога полуде Бард
тргнав да го видам
дали стварно
полудел?!

САМ СО СЕБЕ СИ

Тешко
но треба сила
ебига
сонцето ти се приближи
те пече горештината
а ти треба
ебига
тие кои не се, никогаш не доаѓат
а овие кои се, недоволни се
не си сигурен
дали со тебе е господ
а луѓето ти се поврзаа на врат
и власта
е тешко
но треба
ех
ебига

НОРМА

Кој убива еден
непријател во војна
има право
да убие
десет албанци
во мир
жи ми главата
мир е ова

ДЕВОЈЧЕТО ОД ДУКАЃИН

Ти не личиш на утрото
ниту на јоргованот со отворени очи
бистра си
побистра од солза
и од водите на Белиот Дрим
и од водите на Црниот Дрим
и од росицата
и од капката на дождот.
света си
посвета
и од Светиот мост
и од Розафа
и од сестрата на Ѓерѓ Елез Алија
убава си
поубава си
од девојката на сказните
кристал си
и окото ти е кристал
филиграните те внесуваат низ прстените
младите момчиња
пред огледало
се самоубиваат
ништо не личи на тебе
освен афионот
девојко од Дукаѓин

чувај се од полумесечина
и од црномарамите
кога ти ја врзат плетенката
за Свети Ѓорѓија.

ЛАМЕНТ
(на Азем Шкрели)

Поетот никогаш не стануваше
точка на стихот
но кога еден ден
се наполни со печалбарски копнеж
точката го удри во срце
избрза
бидејќи сакаше
со смртта
да се приземји
на Косово
и од денес
смртта стана
убава лирика
поетот не почина
туку само точката од стиховите
го удри во срцето.

ЛЕСНА ЕРОТИКА

Дали памтиш
кога бевме
еден
и кога те соблеков
со очи
ти не беше никаде
а јас над
тебе.
Покасно
ни се мешаа
прсти и врвови.

НЕДОРАЗБИРАЊЕ

И реков
дај ми го јаболкото
таа ми ги даде
јаболките
како цреши
опоцрвене
а јас
се најдов
во нејзиниот врв
во црешевото стебло.

ЉУБОВ БЕЗ ЖИЦИ

Идејата за *wireless*
настана од љубовта
затоа што срцињата држат
врски без жици.

ИЗЛОЖБА СО СНИШТА

Во уметничката галерија
брзо ќе ја отворам
една изложба со сништа
и ќе видите
како луѓето
ќе ги скинат очите
и ќе полуде
критиката

ВОЛК КОЈ НЕ МУ ПРИПАЃА НА ЛАВАТА

Јас сум
волк
меѓутоа сум волк *sui generis*
кој не му припаѓа на лавата
лавата која оди
по страстите на една кучка
јас сум волк
кој го јаде својот плен
кој не седи во колиба
кој ја сака својата сакана
само затоа што
кога сакам да ја голтнам
може да пружи отпор

НАБЛУДУВАЊЕ

Две роспии
убави
божици
пијат кафе и гледаат
во шоља
линиите и патиштата
ноктите од нозете ги лакираат
како адет
пасат желби
а сништата во море
птицата во небо
овој свет.

МОСТ

Изградив еден мост
овде во Сараево
долг
без проект
без архитект
ги испружив жиците на сеќавањето
како челичен навој
копнежот го измешав
како бетон
само со дух го направив
јака
врзано за срце
поминувај слободно
господ ти зборува
и белиот ангел
те држи
за рака.

АДН НА КУЧЕ

Четириесет и четири татковци
и една мајка кучка
никогаш не сфатив
зошто ѝ се качија на глава

ЛАБОРАТОРИЈА

Како
правите херои
во подрум
без никакви
хигиенски услови
во таа валканост
каде што се прават хероите
и каде што се продаваат
со таа цена.

ИЗВОЗ

Ние не произведуваме ништо
за вас
затоа немаме извоз
ако сакате
ние можеме да ви продаваме
патриотизам и
епско јунаштво
колку сакате
но вие
ниту овие
не ги купувате
можеби заради
лошиот квалитет.

БЕГСТВО

Ако избегаш
ќе станам
еден од најголемите
производители
на тагата во светот.
Усната секогаш
ќе ја носам гризната
рацете цврсто
врзани во секавање
ниту ќе јадам
ниту ќе пијам
коски
кожа
и бетонската вознемиреност
ќе ги голтам.

ЗБОГУМ ЈУНАЧЕ
(На Али Подримја)

Јунак си бил
жими господ
никогаш неќеше да слушнеш за смртта
и беше во право
жими глава
затоа што смртта не им може ништо
на бесмртните?
Јунак си бил
на земја и на небо
затоа што јунак е тој
кој скока од Светиот мост
и ги згаснува светлата во Парис
јунак си бил чичко
жими се

ДАЛИ ТИ ИМАШ БОЛКА

Кога не ме гледаш
кога не ме слушаш
кога не ти зборувам ниту ми зборуваш
кога ти се кине сонот
напола
ти дали имаш болка
кога се будиш
и веќе не заспиваш.
Кога ти љубовта ја пржиш во жар
кога ти врие челото
кога ти завршува копнежот
ти дали имаш болка
во ова ѓаволска работа
кажи
дали и ти имаш болка
како јас.

Лулзим Тафа

МОИТЕ СТИХОВИ УБИЈА ЕДНА ПРОСТИТУТКА

Се одлучив да дадам една патетичка изјава
без број на протокол
без потпис
како се прави едно соопштение
во војна
денес на 14-ти
моите стихови
убија
една проститутка.

ЉУБОВНИЦАТА НА КРИМИНАЛЕЦОТ

Тој беше фатен на дело
додека ограбуваше една банка
сега љубовницата му прави романса
секој ден му црта
птици во прозорец.

ЧЕТВРТА СВЕТСКА ВОЈНА

По се изгледа
повторно
ќе има
војна
повторно
ќе има
јунаци
ќе пролее крвта
како река
повторно
ќе почне се
господе
кој може
повеќе да трпи
толку
херои

ДАБОВИ

По се џабе изгледате
како херои
затоа што сте
стоички
дабови
неплашљиви
можеби бевте лоши
во едно поинакво време
што го живеевте
сега ве држат
постојано под закана
на секирата.
Жал ми е
кога ми се стори
дека плачете со главата нагоре
од суровото третирање на секирата
и постојаната закана
на оганот
запамтете
можеби толку многу ме мразите
затоа што со вас
ќе се запали
пеколниот оган.

СМС

Довидување срцка
сонцето ми е близу
само еден метар
Ти, капка од вода
што пеколот го гасиш.

E-LOW

Колку е лесен мобилниот
колку сум тежок јас
без твоите СМС-и
драга

ОПИЕНОСТ СО ФАТАЛНОСТ

Ти имаш
фатална опиеност
убиваш
јас само
кога се пијанчам,
те љубам
фатално се пијанчиме
двајцата.

АРБОР ВИТАЕ
(на Мирко Гаши)

Маестро
сите дрвја
сакаат да ги сечат
велат дека никој под нив
веќе не се бакнува
лисјата
овошјето
бакнежите
се исушија.

ТРИ ПРАШАЊА ЗА ТОЛКУВАЧИТЕ НА СНИШТАТА

(Прво прашање)
Што значи
кога господ
месечината ја претвара во човек
му става усни
му става очи
ти го прикажува
како божица
и повторно ти го зема
го враќа таму горе
каде што моите раце
не можат да го стигнат
(Второ прашање)
Што значи
да ја сонуваш
месечината?
А да и ги сонуваш
исушените усни
висечките трепки
како сенка
што значи?
(Последно прашање)
Што значи
по заоѓање на месечината
погледот на очите
да ти
ослабее?

РАНА

Не се обидувај
не ја затварај никогаш
остави ја отворена
затоа што поубаво стои
само зацврсти ја
за срце
затоа што болката треба
добро да ја чувствуваш
како жар
како сол.

ЗАКАНА

Жими господ
ќе ги ставам
сите твои зборови
во една вреќа
и ќе ги подарам
на еден просјак.

ЉУБОВТА ВО ТУЃИОТ СОН

Јас се откажав од работата
на професионалниот толкувач
на сништата
ноќта
кога се заљубив
во туѓиот сон.

ЖЕД

Кој ли те изгори
пред ти
да не изгориш
нам
какво пријателство
имаш
со оганот
какво непријателство
имаш
со водата

МРАЗ

Душата никако не стои
во тебе
да не си ти крута
безбојна крв
или
замрзната солза во око

ОГАН

Ти не гориш нам
но тебе
кој ли ќе те изгори
таму во пеколот.

ОЧИ

Јас сум еден
а вие сте двајца
колку е убаво што никогаш не се гледаме
затоа што можеби
ќе се мелевме

МОРЕТО ЌЕ НЕ СПАСИ

Одкако ќе не изгори огнот
ќе се дигне
морето
за да ни ги покрие гробовите
и да ни ги измие
раните.
Само морето може
да не спаси.

НОЖ

Ти се колнам
дека си заклал
немој да згрешиш и да умреш
ниту да влезеш во земја.

ИСКУШЕНИЕ

Се нарекуваше тројка
игра која не се изведуваше на отворено
футбалско игралиште
ниту тениско
туку е игра
со многу топки.
Меѓу жешките точки
легнати во една постела
опиени тапа
дефинитивно
Приштина те хипнотизира
како шампањската пена.
Како средновековна романса
со свеќи и цвеќе
колку за адет во усни
една коцка чоколадо и рум
убедени дека правиме уметност
тие ги врзааа очите со шамија
додека моите очи растат неограничено
почнуваме повторно без сигнал
само со врвот на јазикот
ништо не се разбира
тешка игра, без судија
игра без правила
затоа што во анархија нема правила

нема кој да го забележи почетокот ниту
крајот
нема гледачи но има
многу аплаузи од играчите
сите станавме со нечешлана коса
како да влеговме или излеговме од лудница
но гревот го знаевме само од прстите
за еден миг
помислив дека ме грабна орловите
со канџи
легна над мене станав производител на
бананскиот сок
се додека не остана ни капка за лек
жими се не го знам крајот
затоа што малку
многу малку
човек се секава
од тоа искушение.

ТАА Е *VIP*

Таа е *VIP* и
не е толку едноставно
да ја имаш во кревет
особено одкако
згазнала во црвениот тепих
не е толку едноставно
кога по црвениот тепих
ти ги чувствуваш
нејзините црвени усни
најлудиот оргазам
на Холивуд
не е толку едноставно
да имаш еден *VIP* во кревет
ВИП на кој белото сокче
и ги зблеснува забите.

АНАРХИЈА

Безбројни движења
со врвот на јазикот
немерљива температура на крвта
искрено речено
ти си повнимателна
додека јас сум
анархист
го правам сосема без правила
ти го правиш добро
ми рече на крај
како вистинско циганче.
Ух – оваа е
најдоброто нешто
што може да ми го рече некој
кога се наоѓам
тука во средина.

СКРАТУВАЊЕ НА ЕДНО УБАВО ИМЕ

Сега Уна
некогаш
Ајкуна
веќе не се црвенува
во доброто лице
кај дабовите
не ти искача
ниту кај хотелот кој ги нема
пет ѕвезди
сега не ја мрзи веќе
да те бакнува како некогаш
ти ги фаќа усните
со усни
ти ја вади душата
со долгиот јазик.

ТРАНСФОРМИРАЊА

Збеснатата Ајкуна
сега е крајзи Уна
таа ги лакирала ноктите
косата и усните, изгледа секси
но нешто ти недостасува постојано Уна
не си некако блага
како што беше Ајкуна.

СОСЕМА СЕ ПРОМЕНИЛО

Ајкуна, Уна
ме покани една ноќ
да го правиме брзо
еден *doggy style*
како некогаш
кај дабот
под сенка
епа разбери ја
ако можеш.

ПОКАЈУВАЊЕ

Признавам
дека имаш убавина
но ти вратот ми го кршиш
со љубов
инаку времето
немаше да ме види
со очи.

ПОД КАНЏИТЕ НА КОМИТКАТА

Ајкуна
не е никој
само јас, ти и планината
планината ечи
планината не зборува
колку е верна планината
полека да не не види некој
Немој...
немој
епа добро
епа добро, полека
не брзај
полека
не брзај
побрзо
побрзо
полека
побрзо
полека, полека
застанувај, не застанувај
добро
колку убаво
така, така
каде е изворот
каде е водата

брзо вода
затоа што не фати
пламенот, пламенот
полека, застани, не застанувај.

СОН

Некој сака да ме удави
јас сонувам
а ти
кажувај ми
кога да ги отварам очите

БАРАЈЌИ СЕ СЕБЕСИ

Денес излегов
со главата во раце
да се барам себеси
низ патиштата
каде што имам оставено
малку љубов
и малку болка
во старите патишта
покриени со копнеж
на благите усни сеќавањето
во очите
каде што се криев
од бакнежите
каде се опивав
излегов денеска
да се барам себеси
гледам кон сонцето
дали сум во земја
или на небо
излегов денеска да се барам себеси
но каде сум
никаде
не сум
излегов денеска да се барам себеси
ако не го најдам

уште малку
многу
ќе се разочарам
ќе почнам со носталгија
да пеам
како да плачам.

РЕВОЛУЦИЈА НА МУЗИТЕ

Што би рекол ти ако
една ноќ музите станат на нозе
една ноќ со кошмар и жештина
и ако би сакале
да ги рушат спомениците
никаде да не остават
ниту херој ниту ѓавол
ниту маж ниту жена
да не остават на нозе.
Навистина што би се случило
народот да го остават
гол.

ДАБ И КРСТ

Ме убија
и ме обесија во даб
не ме заковаа
затоа што ќе станав Христос
дабот крст
крстот даб
Христос во крстот
јажето во дабот
затоа не ме заковаа
да не станам Христос

Лулзим Тафа

ДАЛИ ТИ ИМАШ БОЛКА

(песни)

Академски печат
Скопје, 2018

ВЕРНОСТ

Овие што ти ги кажав
не не кажувај никому
никогаш не ја спомнувај
играта под месечина
никогаш не спомнувај
ни ангел ни ѓавол
жими мене Ајкуна
овие зборови
закопај ги во земја.

Содржина:

www.ingramcontent.com/pod-product-compliance
Lightning Source LLC
LaVergne TN
LVHW021542080426
835509LV00019B/2797